דוידה ליפמן

הַיָּרֵחַ, צֶמַח הָאַסְקְלֶפְּיַאס
וְהַדָּנָאִית הַמַּלְכוּתִית

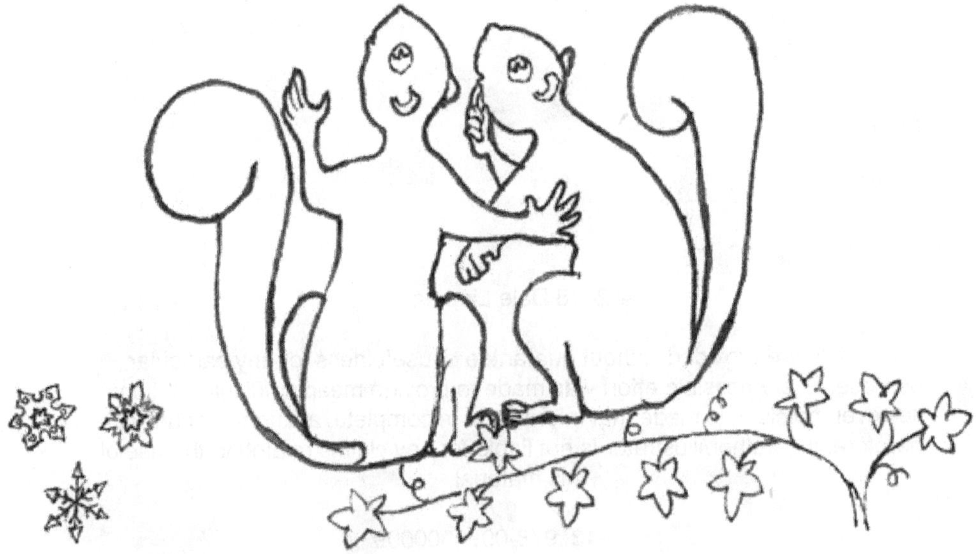

ISBN-13: 978-0990900009
ISBN-10: 0990900002
BISAC: Education / Elementary EDU010000

לזכר כרמלה
שהטמיעה אהבה לטבע המופלא
בקרב שלושה דורות של צאצאיה.

הַאִם אֵי-פַּעַם שְׁאַלְתֶּם
אֶת עַצְמְכֶם מַדּוּעַ נִרְאֶה
כְּאִלּוּ חֵלֶק מֵהַיָּרֵחַ לִפְעָמִים נֶעֱלָם?

נְסַפֵּר כָּאן כֵּיצַד אֶפְשָׁר לִרְאוֹת
אֵיךְ חוֹלֵף הַזְּמַן
כְּשֶׁמִּתְבּוֹנְנִים בַּיָּרֵחַ.

כְּשֶׁתִּקְרְאוּ בַּסֵּפֶר
תִּלְמְדוּ מִלִּים חֲדָשׁוֹת
וְגַם מַה קוֹרֶה לְפַרְפַּר
בְּשֵׁם דָּנָאִית מַלְכוּתִית
בַּחֲלוֹף הַזְּמַן.

תִּלְמְדוּ כָּאן גַּם מִלִּים
שֶׁיּוּכְלוּ לַעֲזֹר לָכֶם לַעֲשׂוֹת
שִׁמּוּשׁ מוֹעִיל בַּזְּמַן.

מַסְלוּל הַיָּרֵחַ כּוֹלֵל אַרְבָּעָה שְׁלַבִּים:

מוֹלַד הַיָּרֵחַ

רֶבַע רִאשׁוֹן

יָרֵחַ מָלֵא

רֶבַע אַחֲרוֹן

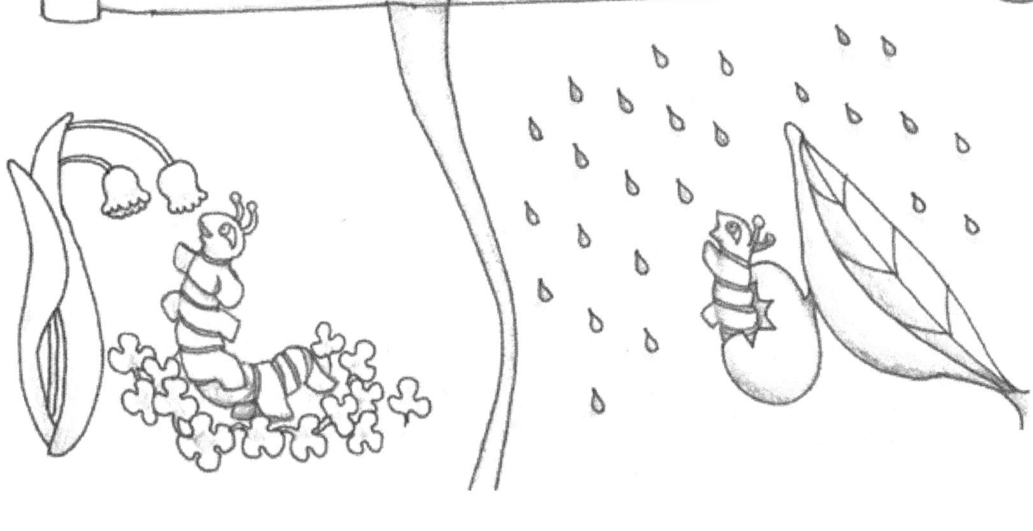

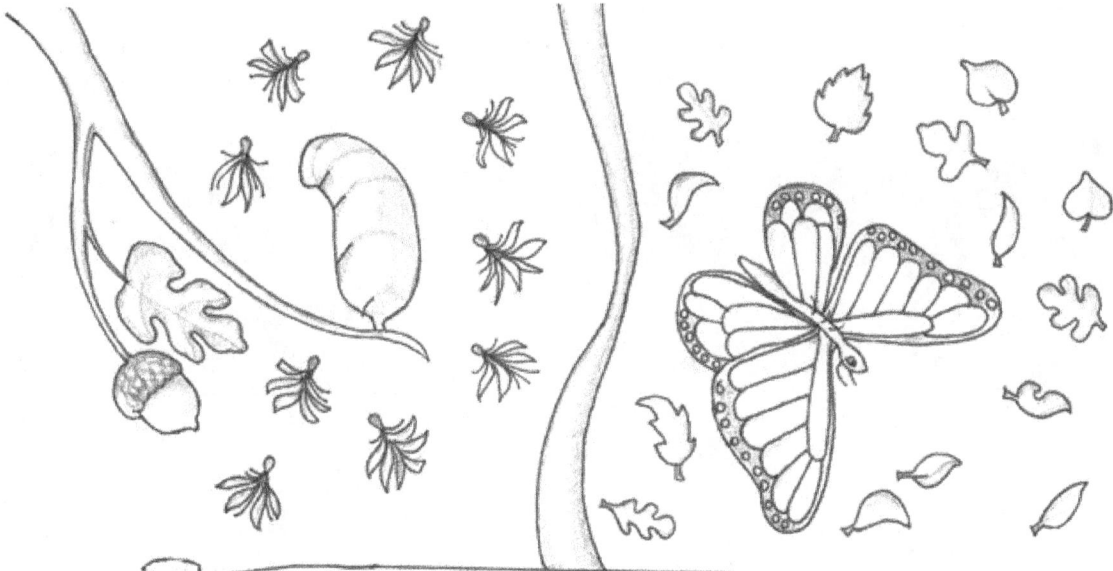

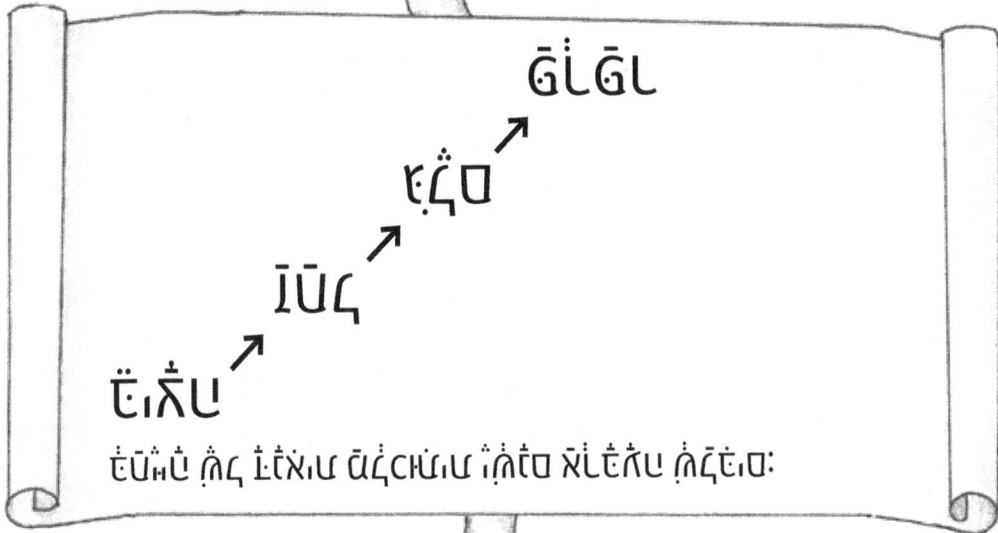

בְּחַיֶּיהָ שֶׁל דָּנָאִית מַלְכוּתִית יֶשְׁנָם אַרְבָּעָה שְׁלַבִּים:

בֵּיצָה ↙

זַחַל ↙

גֹּלֶם ↙

פַּרְפַּר

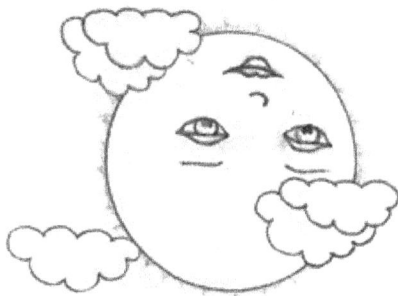

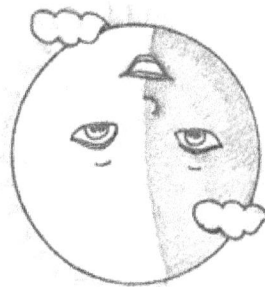

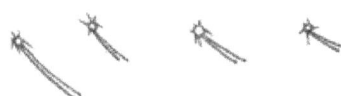

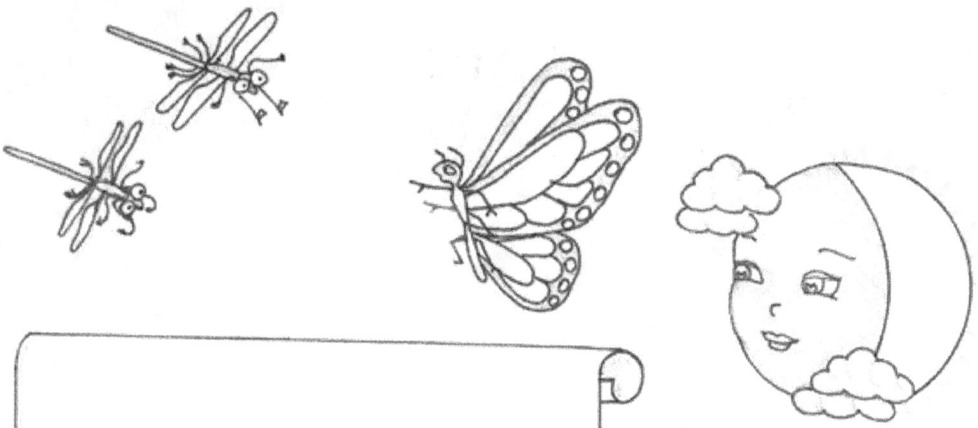

חַיֵּי הַדָּנָאִית הַמַּלְכוּתִית מַתְחִילִים
כַּאֲשֶׁר הַפַּרְפַּר מֵטִיל בֵּיצָה
עַל עָלֶה שֶׁל צֶמַח בְּשֵׁם אַסְקְלֶפְיַאס.

כַּעֲבֹר כַּמָּה יָמִים
בּוֹקֵעַ מִתּוֹךְ הַבֵּיצָה
זַחַל-תִּינוֹק.

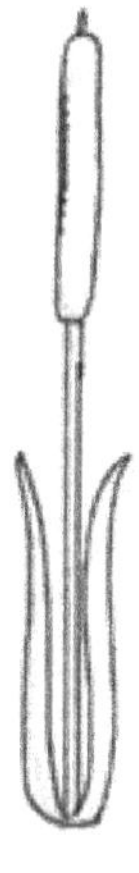

הַזַּחַל הַקָּטָן אוֹכֵל
עָלִים שֶׁל אַסְקְלֶפְּיַאס,
כְּדֵי לִגְדֹּל.

חֲרָקִים אֲחֵרִים לֹא יְכוֹלִים
לֶאֱכֹל אֶת הָאַסְקְלֶפְּיַאס,
כִּי הוּא רָעִיל בִּשְׁבִילָם.

הַזַּחַל גָּדֵל כָּל כָּךְ מַהֵר
שֶׁהוּא פּוֹשֵׁט אֶת עוֹרוֹ
כְּמוֹ מְעִיל שֶׁכְּבָר קָטָן לוֹ מִדַּי.

הַתַּהֲלִיךְ הַזֶּה נִקְרָא **הַשָּׁלָה**.
תּוֹךְ שְׁבוּעַיִם -
הַזַּחַל מַשִׁיל אֶת עוֹרוֹ
חָמֵשׁ פְּעָמִים!

בַּפַּעַם הַחֲמִישִׁית שֶׁהוּא מַשִּׁיל אֶת עוֹרוֹ
הַזַּחַל עוֹשֶׂה מַשֶּׁהוּ חָדָשׁ:
הוּא נִתְלֶה הָפוּךְ בְּמָקוֹם בָּטוּחַ,
מֵכִין לְעַצְמוֹ שִׁרְיוֹן קָשֶׁה - גֹּלֶם -
וּמִסְתַּתֵּר בְּתוֹכוֹ.
זֶה נִקְרָא **שִׁנּוּי צוּרָה.**

שְׁלַב הַגֹּלֶם מַגִּיעַ בְּאֶמְצַע
מַחְזוֹר הַחַיִּים שֶׁל הַדָּנָאִית הַמַּלְכוּתִית.

הַיָּרֵחַ מָלֵא בְּאֶמְצַע
מַסְלוּל הַיָּרֵחַ.

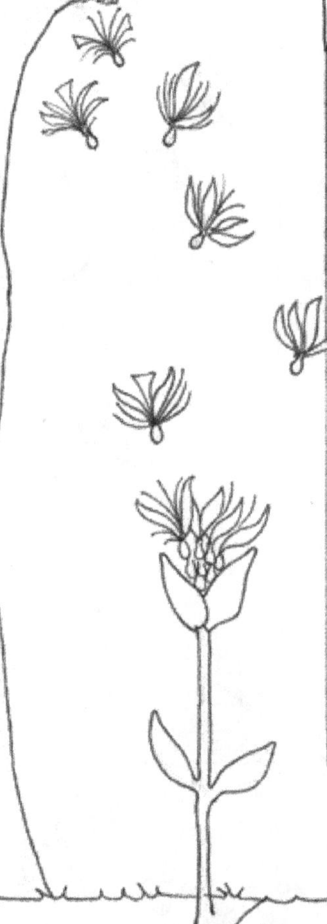

מַה שֶׁמִּתְרַחֵשׁ בְּתוֹךְ הַגֹּלֶם
כֹּה נִפְלָא - שֶׁהוּא נִשְׁמָר בְּסוֹד.

כַּעֲבֹר אַחַד-עָשָׂר יָמִים,
אִם דָּבָר לֹא מַפְרִיעַ לַגֹּלֶם -
מַשֶּׁהוּ חָדָשׁ מוֹפִיעַ.

אַתֶּם יוֹדְעִים מַהוּ?

בְּתוֹךְ הַגֹּלֶם הַזַּחַל מִשְׁתַּנֶּה
עַד שֶׁהוּא יוֹצֵא מִתּוֹכוֹ -
פַּרְפַּר צִבְעוֹנִי,
דָּנָאִית מַלְכוּתִית.

כַּנְפֵי הַדָּנָאִית הַמַּלְכוּתִית
הֵם בְּצִבְעֵי שָׁחֹר וְכָתֹם.

הַצְּבָעִים הַבּוֹהֲקִים תַּפְקִידָם לְהַזְהִיר
יְצוּרִים אֲחֵרִים שֶׁהַדָּנָאִית הַמַּלְכוּתִית רְעִילָה.

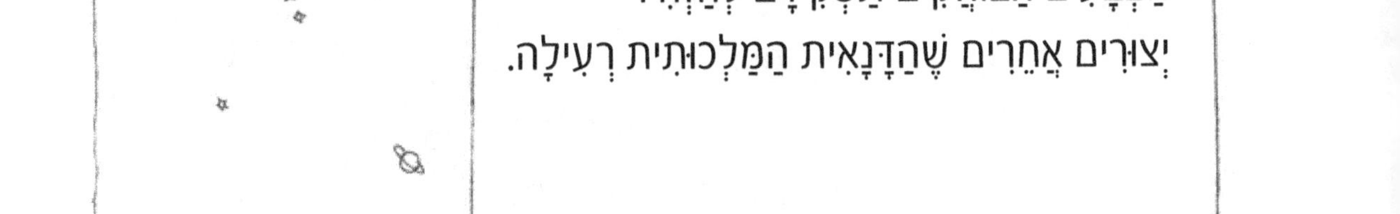

הַדָּנָאִית הַמַּלְכוּתִית אֵינָהּ יְכוֹלָה לִחְיוֹת בְּמֶזֶג אֲוִיר קַר
וְלָכֵן בַּסְתָו הִיא מְחַפֶּשֶׂת מָקוֹם חַם יוֹתֵר.

הַפַּרְפָּרִים יוֹצְאִים לִנְדִידָה.
פַּרְפְּרֵי הַדָּנָאִית הַמַּלְכוּתִית יְכוֹלִים לָעוּף לְמֶרְחַק
אַלְפֵי קִילוֹמֶטְרִים,
אֲבָל הֵם מִסְתַּדְּרִים רַק בַּאֲוִיר חַם.

גִּלְגּוּל הַדָּנָאִית הַמַּלְכוּתִית מִזַּחַל קָטָן לְפַרְפַּר
וְהַנְּדִידָה שֶׁלָּהּ
קוֹרִים בִּזְמַנִּים קְבוּעִים מֵרֹאשׁ,
לְפִי תָּכְנִית.

יֵשׁ לָהֶם **לוּחַ זְמַנִּים**.

פַּרְפְּרֵי הַדָּנָאִית הַמַּלְכוּתִית תְּלוּיִים
בְּצֶמַח הָאַסְקְלֶפְיַאס
וְהֵם גַּם עוֹזְרִים לוֹ:
הַפַּרְפָּרִים מַעֲבִירִים אֶת הָאַבְקָה
בֵּין פִּרְחֵי הָאַסְקְלֶפְיַאס
וְרַק כָּךְ הַצְּמָחִים יְכוֹלִים לְיַצֵּר
זְרָעִים חֲדָשִׁים.

אֵין הַרְבֵּה מְקוֹמוֹת שֶׁצּוֹמֵחַ בָּהֶם אַסְקְלֶפְּיַאס
מֵאָז שֶׁבִּנְיָנִים כִּסּוּ אֶת הַשָּׂדוֹת.

אִם יֵשׁ לָכֶם גִּנָּה,
תּוּכְלוּ לַעֲזֹר לְפַרְפְּרֵי הַדָּנָאִית הַמַּלְכוּתִית
עַל-יְדֵי שְׁתִילַת אַסְקְלֶפְּיַאס בְּעַצְמְכֶם.

שְׁתֵּי פְּעֻלּוֹת שׁוֹנוֹת עִם מַטָּרוֹת שׁוֹנוֹת
יְכוֹלוֹת לְהִשְׁתַּלֵּב יַחַד כְּדֵי לַעֲזֹר
לְכָל אַחַת מֵהֶן לְהַצְלִיחַ יוֹתֵר.

סוּג כָּזֶה שֶׁל שִׁתּוּף פְּעֻלָּה

נִקְרָא **סִינֶרְגְּיָה**.

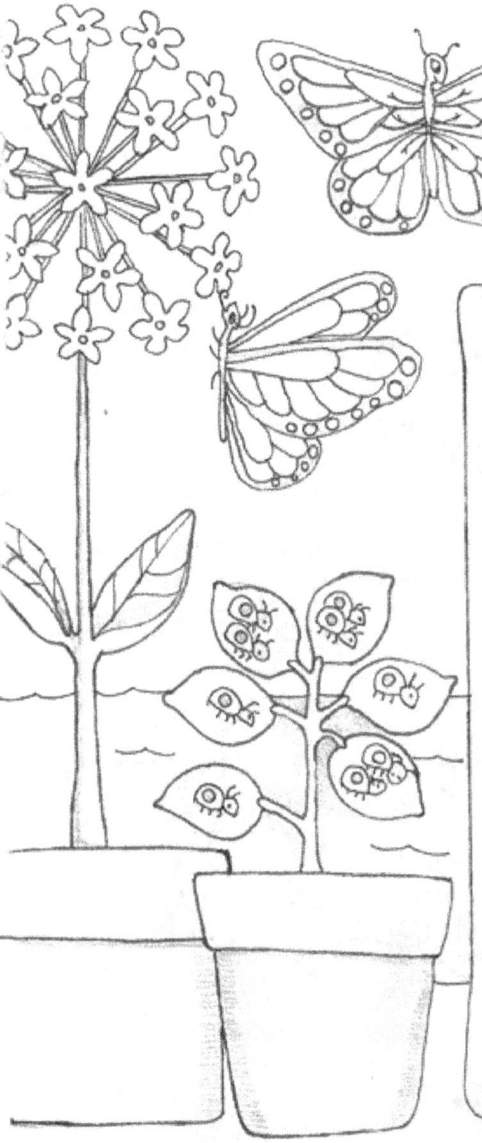

21

הַסִינֶרְגְיָה בֵּין הַדָּנָאִית הַמַּלְכוּתִית
לְבֵין הָאַסְקְלֶפְּיַאס
מְלַמֶּדֶת אוֹתָנוּ לְשַׁתֵּף פְּעֻלָּה עִם אֲחֵרִים.

הַאִם תּוּכְלוּ לַחְשֹׁב עַל
דָּבָר כָּלְשֶׁהוּ שֶׁאַתֶּם עוֹשִׂים
שֶׁאוּלַי יַעֲזֹר לְמִישֶׁהוּ אַחֵר
לְהַצְלִיחַ בַּמֶּה שֶׁהוּא עוֹשֶׂה?

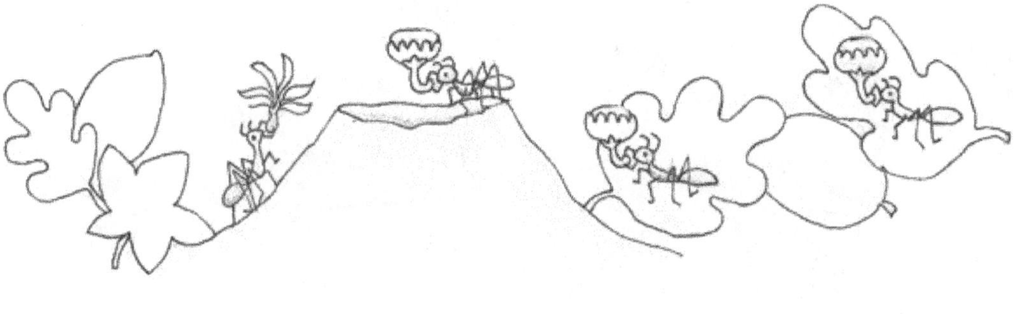

לֹא מְשַׁנֶּה מַה קוֹרֶה בָּעוֹלָם,
הַיָּרֵחַ מַמְשִׁיךְ בְּמַסָּעוֹ
סְבִיב כַּדּוּר הָאָרֶץ, בְּאוֹתוֹ נָתִיב.

לַנָּתִיב הַזֶּה קוֹרְאִים **מַסְלוּל.**

נִדְרָשִׁים לַיָּרֵחַ עֶשְׂרִים וְתִשְׁעָה יָמִים וָחֵצִי
כְּדֵי לְהַשְׁלִים מַסְלוּל.
סִיבוּב שָׁלֵם כָּזֶה נִקְרָא **חֹדֶשׁ יְרֵחִי.**

בְּמַהֲלַךְ הַחֹדֶשׁ הַיְרֵחִי
הַיָּרֵחַ מַקְרִין יוֹתֵר מֵאוֹר הַשֶּׁמֶשׁ
וּבְהֶמְשֵׁךְ הַחֹדֶשׁ הוּא יוֹתֵר חָשׁוּךְ,
מִכִּוּוּן יָמִין לִשְׂמֹאל.

יָרֵחַ מָלֵא מְסַמֵּן אֶת אֶמְצַע
הַחֹדֶשׁ הַיְרֵחִי.

כָּל דָּבָר שֶׁקּוֹרֶה בָּעוֹלָם
דּוֹרֵשׁ זְמַן.

מַסְלוּל הַיָּרֵחַ, לְמָשָׁל, קוֹרֶה
תָּמִיד בְּדִיּוּק בִּזְמַן קָבוּעַ.

הַאִם יֶשְׁנָם דְּבָרִים
שֶׁגַּם אַתֶּם מְנַסִּים לַעֲשׂוֹת
בְּלוּחַ זְמַנִּים קָבוּעַ?

בְּדֶרֶךְ כְּלָל נַעֲשֶׂה יוֹתֵר
כְּשֶׁיֵּשׁ לָנוּ תָּכְנִית,
בְּעִקָּר אִם זֶה כּוֹלֵל שִׁתּוּף פְּעֻלָּה –
סִינֶרְגְיָה.

שִׁמּוּשׁ נָכוֹן בַּזְּמַן
עוֹזֵר לְהַשִּׂיג אֶת הַמַּטָּרָה
וְלֵהָנוֹת מִיּוֹתֵר זְמַן פָּנוּי.

תָּכְנִית יְכוֹלָה לִתְרֹם לְהַצְלָחָה
בְּהַשָּׂגַת הַמַּטָּרָה
וּלְיוֹתֵר זְמַן פָּנוּי אַחַר כָּךְ.

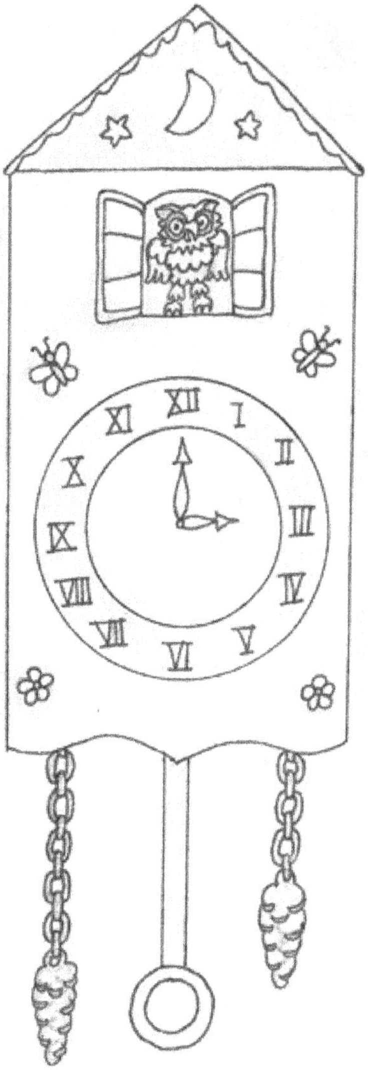

חֵלֶק מֵהַכֵּלִים לְמַעֲקָב אַחַר זְמַן הֵם:

שְׁעוֹנִים

לוּחוֹת שָׁנָה

וְיוֹמָנִים.

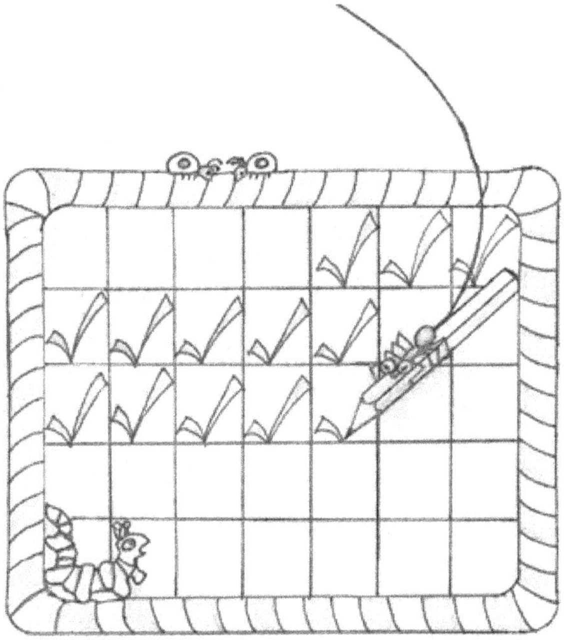

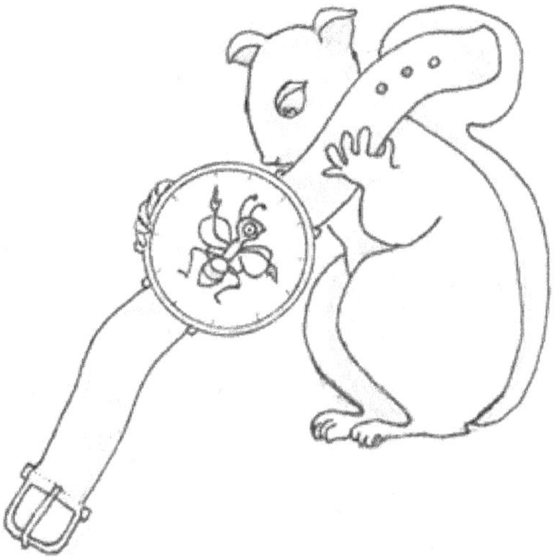

חֵלֶק מֵהַמֻּשָּׂגִים לְמַעֲקָב אַחַר זְמַן הֵם:

שָׁעוֹת

↙

יָמִים

↙

שָׁבוּעוֹת

↙

חֳדָשִׁים.

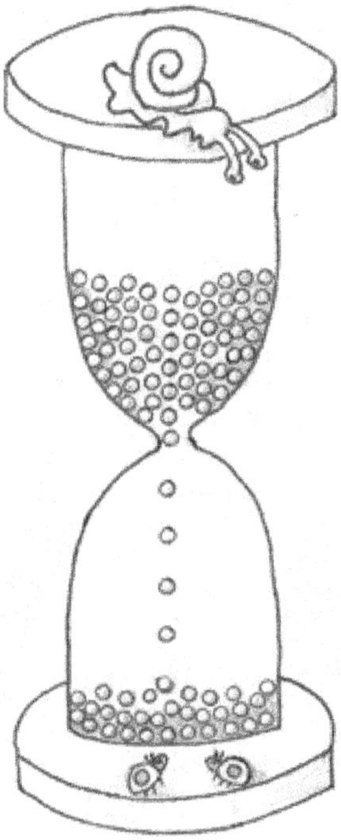

28

אִם יֵשׁ לָנוּ מַסְפִּיק זְמַן,
תָּכְנִיּוֹת טוֹבוֹת וְסִינֶרְגְיָה -
הַכֹּל אֶפְשָׁרִי.

אַל תִּתְיָאֲשׁוּ לְעוֹלָם,
כִּי מָחָר יְכוֹלָה לִהְיוֹת
הַהִזְדַּמְנוּת שֶׁלָּכֶם לְ...

הַתְחָלָה
חֲדָשָׁה
וְהַצְלָחָה!

עִנְיָן שֶׁל זְמַן

הַרְבֵּה לִפְנֵי שֶׁהָיוּ מַחְשְׁבִים אוֹ אֲפִלּוּ שְׁעוֹנִים, אֲנָשִׁים שָׂמוּ לֵב שֶׁמִּדֵּי לַיְלָה הַיָּרֵחַ גָּדֵל. מֵחֶרְמֵשׁ דַּק הוּא הוֹפֵךְ בְּהַדְרָגָה לְעִגּוּל שָׁלֵם וּבוֹהֵק, וְתָמִיד מִיָּמִין לִשְׂמֹאל. וְאָז הוּא שׁוּב קָטֵן חֲזָרָה וְדוֹהֶה, בְּאוֹתוֹ כִּוּוּן, מִיָּמִין לִשְׂמֹאל.

הַתַּבְנִית הַזּוֹ חוֹזֶרֶת עַל עַצְמָהּ כָּל עֶשְׂרִים וְתִשְׁעָה יָמִים.

חֹדֶשׁ יַרְחִי אֶחָד מְאַפְשֵׁר זְמַן שֶׁמַּסְפִּיק לְמַחְזוֹר חַיִּים אֶחָד שֶׁל דָּנָאִית מַלְכוּתִית:

4 יָמִים מֵרֶגַע שֶׁהוּטְלָה הַבֵּיצָה וְעַד שֶׁהִיא בּוֹקַעַת.

14 יָמִים מִתְפַּתֵּחַ הַזַּחַל וּמַשְׁלִים 5 שְׁלַבֵּי הַשָּׁלָה שֶׁל עוֹרוֹ.

11 יָמִים הוּא מִשְׁתַּנֶּה בְּתוֹךְ הַגֹּלֶם עַד שֶׁיּוֹצֵא מִמֶּנּוּ פַּרְפַּר.

בְּסַךְ הַכֹּל - בְּדִיּוּק 29 יָמִים.

חֹדֶשׁ יַרְחִי הוּא גַּם מַסְפִּיק זְמַן כְּדֵי לִלְמֹד מְיֻמָּנוּת חֲדָשָׁה, כְּמוֹ לְדַבֵּר כַּמָּה מִלִּים בְּשָׂפָה זָרָה אוֹ לִלְמֹד צְעָדִים רִאשׁוֹנִים בִּנְגִינָה עַל כְּלִי נְגִינָה.

הַאִם יֵשׁ לָכֶם רַעְיוֹנוֹת לִדְבָרִים שֶׁתִּרְצוּ לְנַסּוֹת לִלְמֹד בַּחֹדֶשׁ הַיַּרְחִי הַבָּא? בְּעוֹד הַיָּרֵחַ מַשְׁלִים אֶת הַמַּסְלוּל שֶׁלּוֹ, תּוּכְלוּ לַעֲקֹב אַחַר הַהִתְקַדְּמוּת שֶׁלָּכֶם לִקְרַאת הַיַּעַד שֶׁקְּבַעְתֶּם לְעַצְמְכֶם.

בְּהַצְלָחָה!

בִּזְמַן שֶׁבֵּית הַמִּקְדָּשׁ הָיָה קַיָּם, כָּל שִׁבְטֵי יִשְׂרָאֵל עָלוּ לִירוּשָׁלַיִם כְּדֵי לַחְגֹּג בְּבֵית הַמִּקְדָּשׁ אֶת חַג הַפֶּסַח - בְּי"ד (הַיּוֹם הָ-14 בַּחֹדֶשׁ) בְּנִיסָן, וְאֶת חַג סֻכּוֹת בְּי"ד בְּתִשְׁרֵי. בְּדִיּוּק בִּזְמַן שֶׁהָיָה בַּשָּׁמַיִם יָרֵחַ מָלֵא.

נָכוֹן, לֹא הָיָה לָהֶם לוּחַ שָׁנָה מֻדְפָּס עַל הַקִּיר אוֹ בְּסְמַרְטְפוֹן, אֲבָל הֵם יָדְעוּ מָתַי לְהִתְכּוֹנֵן וְלָצֵאת לַדֶּרֶךְ, לְפִי מַרְאֵה הַיָּרֵחַ.

בְּלוּחַ הַשָּׁנָה הָעִבְרִי מוֹסִיפִים מִדֵּי פַּעַם חֹדֶשׁ שָׁלֵם לַשָּׁנָה, בְּהֶתְאֵם לַצֹּרֶךְ, כְּדֵי שֶׁנַּחְגֹּג אֶת חַג הַפֶּסַח תָּמִיד בָּאָבִיב. כָּל חֹדֶשׁ יֶרְחִי מְסֻמָּן עַל-יְדֵי תְּחִלָּתוֹ, אֶמְצָעוֹ וְסוֹפוֹ שֶׁל מַסְלוּל הַיָּרֵחַ.